JN440419

제1시집

그대 그림자에 그리움을 새기고

유정미 詩集

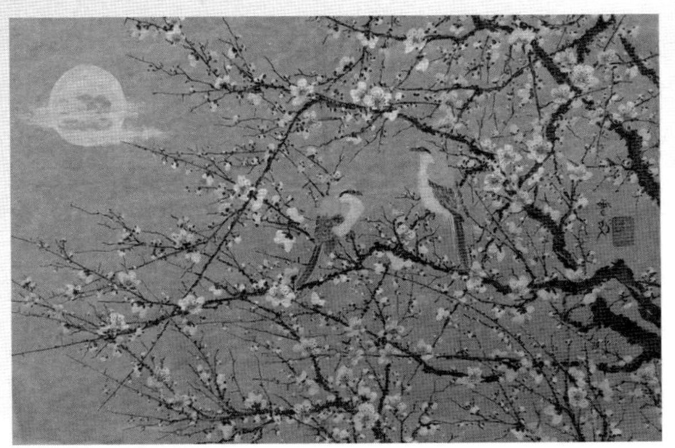

그대 그림자에 그리움을 새기고

초판인쇄 | 2017년 03월 30일
지은이 | 유정미 **펴낸이** | 윤기영 **편집인** | 정설연
펴낸곳 | 도서출판 노트북 **등록** | 제305-2012-000048호
주소 | 서울시 동대문구 사가정로 256-4 나동 101호
전화 | 070-8887-8233 **팩스** | 02-844-5756 **H.P** | 010-8263-8233
이메일 | hdpoem55@hanmail.net

ISBN 978-89-92687-90-4-03810
정 가 10.000원

한국 현대시[韓國現代詩]
한국 문학[韓國文學]

811.7-KDC6
895.715-DDC23 CIP2017007379

그대 그림자에
그리움을 새기고

도서출판 노트북

저자의 말

달빛에 은빛 울림이 뿌려진 이 밤에 한 폭의 글을 그려 봅니다. 저는 1993년 5월, 영국 유학 중에 천사에 이끌려 아프리카 원주민 마을을 방문했습니다. 그 마을 중앙에 다다르니, 하늘에서 빛이 내리고 음성이 흘러 내렸습니다. "이들과 결혼하여 복음을 전하라."는 것이었습니다. 또한 "아프리카에 가서 신학교를 설립해 제자를 양육하라."고 말씀하셨습니다. 경이로운 꿈의 세계가2개월에 걸쳐 펼쳐졌습니다. 저는 그때까지 만해도 공부하고, 여행하며, 글 쓰고, 자유로운 사고로 살았습니다. 이런 저를 주께서 삶의 끝자락으로 이끌어 순종할 수밖에 없었습니다. 그 후 흑진주의 땅에서 23년 넘게 교육과 선교에 전념하고 있습니다. 그 과정 속에 씨를 뿌리고, 꽃이 피며, 아름다운 열매가 맺었습니다. 이러한 삶 속에서 개인 시집은 하늘가에 그림만 그렸습니다. 기자생활 20년, 한국 문단에 등단한 지는 많은 해가 흘러 공저는 여러 권이 출간되었습니다. 그러나 개인 시집을 낼 여유가 없었습니다.

이번에 현대시선문학사의 윤기영 대표를 통해 저 자신의 내면의 세계와 뇌 속에서 파닥거리는 시어들, 이 시대의 현상들을 뽑아내 아름다운 시집을 출간하게 됨에 너무나 기쁘고 감사합니다. 현, 시대는 폭포수처럼 쏟아지는 것이 책이며, SNS 통한 글들이지만 제 심장의 떨림을 일으키는 이 시집은 깊은 옹달샘에서 흐르는 맑은 영혼 수와 같습니다. 심연 속에서 흐르는 시어들을 활자로 엮어 이 땅에 도장을 찍게 하심에 주님께 감사와 영광을 드립니다. 또한 이 시집 표지 제목을 감미로운 붓 선으로 획을 그어주신 추원호 서예가와 서정적인 달빛 속에 잠긴 그리움을 그려주신 안창수 화백, 축하 시를 오색으로 입혀주신 작가, 시인들께 깊이 감사를 드립니다. 떠오르는 태양에 꿈과 희망을 올려놓고, 홍매화처럼 열정을 피우며, 행복의 잔을 드는 삶이되시기를 축원합니다.

2017년 3월 유정미

012...그대 그림자에 그리움을 새기고
014...고국을 떠나면서
016...떨림의 눈물
017...그리움
018...누군가를 사랑한다는 것은
020...얼음꽃
021...빈 공간이 달린다
022...그냥 네가 되게
023...그대가 그리움은
024...추석은 복덩이
026...물은 물일 뿐
027...오만한 사랑
028...바람에 속지마세요
029...무너져가는 한국호
030...슬픈 도시
031...헤어짐
032...심장이 멈춘 자여
034...잠을 갈아 먹은 시
035...검은 눈물
036...포근한 심장
038...섬과 섬
039...살짝핀 사랑
040...짝퉁 선행
041...묵언이 답
042...잠이 숨 쉰다
043...그대만을 위해
044...보배로운 인연
045...깨진 낮과 밤

046...사랑의 무덤
047...님의 사랑
048...제발 풀어다오
049...침대
050...위안부의 눈물
052...어여쁜 사랑
054...깨진 이산가족
055...한조각 사랑
056...명예퇴직
057...사랑
058...구겨진 인생들
059...고개 처든 인생들아
060...혀는 가시 돋은 장미
061...깊은 사랑
062...시에 물을 준다
063...어느 판사의 판정
064...사랑은 참 어렵다
066...인연
068...곱디고운 여인이여
070...여름밤의 곡성
071...시간 묶음
072...청도
073...가을이
074...갈대
076...당신이 내게
078...그대 때문에
079...낙엽
080...가을빛의 분주(奔走)

081...솜털 같은 설화
082...긴 잔상
083...우리는 한강
084...공허
086,,,당신이 있기에
087...센트럴파크
088...오색약수
089...정동진
090...비 갠 새벽길
091...빈터
092...한 떨기 매화
093...메트로폴리탄 미술관
094...그냥 흘러 보내라
096...말라리아
098...하얀 세마포
100...저 천성에서 만나자
102...부활절 예배
104...심장아 뛰어라
105...소중한 그대
106...흑진주 아이들
107...꿈
108...미시간대학교(앤아버)졸업식
110...가나신학대학교 졸업식
112...슬픈 현실
113...없다. 지도자가
114...도장의 선택
116...암매장된 현실
118...그것이 더 슬프다

120...촛불 껌딱지 횃불
122...비의 울림
124...같이 갈수 없기에
126...죽은 자의 소리
128...파란 장미 가면
130...피라미드에 박힌 자들
132...기본은 지키자
134...발견
136...죽음의 굴곡
138...슬픔의 강을 건너 우리는 하나
140...신년의 기도문
142...영혼의 돛단배
144...들꽃 같은 시들
146...인생의 길

단평 및 축하 시

148...빛 트림_최성열 시인, 평론가
152...헌화한 시_이인성 작가
154...그대의 손_배명식 시인, 화가
156...나의 님이여_한병옥 작가
158...아름다운 여인이여_전위영 시인

그대 그림자에
그리움을 새기고

그대 그림자에
그리움을 새기고

그대의 애련한 미소를 바라보니
비애의 눈물을 흘릴 수밖에

비밀의 경로를 찾아서
그대 그림자에 그리움을 새기고
나는 물안개에 갇혀
꼼짝달싹 못한다

눈먼 고혹적인 매력
이슬을 담은 눈망울
엉성한 입술에
싹쓸바람이 불어와
진귀한 마음이
갈갈이 흩어진다

사그라지는 눈빛에
감금된 마음
빛 조각조차 꼬리를 감추니
고독의 흔적이
긴 가슴에 얼룩진다

그대 곁에 날개를 접은
열정의 피가 흘러
고뇌의 눈빛에
푸른 강이 흐른다.

그대 그림자에 그리움을 새기고_유정미

고국을 떠나면서

엄마의 태를 벗어 난지 반평생
학창 시절, 한국과 영국 유학을 보내며
뉴욕 직장 생활, 가나 교육과 선교는
하나님의 부름으로 4대륙에 몸을 묻고
그 많은 시간에 톱질을 했습니다

고귀한 청자도 뒹구는 사발도
세월 속에 빚어 넣어야만 했고
고국 방문은 희로애락으로
겹겹이 엉겅퀴처럼 엮어져 있었습니다

파란 하늘가에 피는 천사의 미소처럼
맑은 호수를 닮은 사슴 눈망울처럼
깊은 숲 속에 핀 난초처럼
고요히 내리는 생을 그리고 싶었습니다

그 그림에 먹물을 끼얹은 자가 있어
슬픔에 온몸을 떨었습니다
신은 존재함을 드러내
그 울분을

그 분노를 으깨
진귀한 백자를 빚어 주었습니다

사랑 존재 가치인 엄마의 위독
포근한 가족들의 숨결
신문사와 국군의 날 감사패 수상
흡입력 강한 숨바꼭질 강의
신문에 기재된 글들
안길 듯 한 친구들의 만남
잡힐 듯 한 지인들의 작은 소통
혀끝을 살랑살랑 맛난 음식들
눈동자를 사탕발림하는 문화행사
천상의 날개를 깔아 놓은 비경들
천사의 옷깃을 스친 듯
행복의 여정을 찍었습니다.

떨림의 눈물

옷깃과 옷깃이 부딪칠 때
살결과 살결이 속삭일 때
포근한 빛에 감싸일 때
떨림의 눈물을 맛보았는가

음률의 여운 속에
주위에는 고요만이 숨결
손끝의 흔들림이 흐르니
설레는 호흡을 느껴 보았는가

아랑곳없는 영혼
우뚝선 소나무처럼 버티고
그대로 잠이 들고파
어둠을 맞이해도
피어나는 애정의 표현들

둘 곳 없는 이 육체
너무 애절해
너무 애틋해
너무 가여워
가슴에 매달려 울고 있다.

그리움

두통이 휘몰아친다
무엇이 그립단 말인가
활화산에 새싹이 피어나지도 못하는데
왜 그리움이
아스라이 스쳐가는 바람인 것을
살얼음 밑에 흐르는 물결인 것을
몸이 흔들린다
하늘이 보고 싶단 말인가
땅이 보고 싶단 말인가
눈빛 속에 감춘 사랑이 무표정인데
지워져 버린 망각의 샘인데
왜! 보고픔이
석양에 고개 떨군 꽃잎인 것을
설야에 몸 던진 낙엽인 것을
상념이 가슴에 먹물을 드리운다
벨, 인기척, 경적소리
혼돈을 뭉쳐 허공에 던진 채
빗장을 닫는다.

누군가를 사랑한다는 것은

누군가를 사랑한다는 것은
참 아름답다

울퉁불퉁한 담벼락에
삐죽 내민 개나리와 마주쳐도
볼은 진달래로 물든다

뼛속까지 파고드는 감성
보고픔, 설렘, 안쓰러움, 행복
달콤 새콤 향기롭다

바람꽃이
창 틈 사이로 손을 내밀어도
가슴에 고독이 박혀 떤다

우수에 잠긴 빗방울이
가냘픈 잎새의 살결을 스쳐도
심장은 우주를 먹는다

잿빛 하늘에 눈망울이
너울너울 유희(遊戱)하면
발은 흙 속에 묻힌다

누군가를 사랑하는 것은
참 아름답다.

그대 그림자에 그리움을 새기고_유정미

얼음꽃

보고픔이 눈이 달렸는지
시간을 통과 못하고
손바닥만 비빈다

그리움이 발이 달렸는지
공간을 초월 못하고
발발 둥둥거린다

보고픔이 공기라면
함께 호흡할 텐데
그리움이 물이라면
함께 섞을 텐데

빛이 잠기고
어둠이 열려도
보고픔이
그리움이
빙하에 묶여
꼼짝도 못한다.

빈 공간이 달린다

하늘엔 면화 송이가 밭을 이루고
창공엔 사파이어가 뿌려지는데
빈 공간이 바퀴도 없이 달린다
달리는 길가에는
죽은 시신들이 나무에 엉켜 있고
말라비틀어진 나무가 숨을 허덕인다
햇살은 엿가래처럼 찢어져
그림자를 삼키고
보이는 것은 허상
달리는 것인지 멈춘 것인지
사람이란 자들이 웅성웅성
입은 묵언
빈 공간이 달린 듯 그 자리
멈출 수 없는 마음
암흑에 감금되어
길가로 한 발자국도 못 나가고
숨을 몰아쉰다
하염없이 지쳐옴을 느끼며
없는 것인지 있는 것인지
깨달음이 공이니
오늘도 빈 공간이 달린다.

그냥 네가 되게

낙엽에 우수가 담겨
절망감이 온몸을 파고들어
혈관에 고이네요
음악은 요동치고
가슴에 떨림이 엉켜
아름다운 사랑
아니면 산들바람
더 울어야 하나요
더 아파해야 하나요
칼로 바람을 도려 낼 수 없듯이
사랑도 칼로 자를 수가 없네요
음악은 왜 이리 끝없이 흐르죠
오작교가 지금도 필요한 가요
그냥 아스팔트 깔면 안 되나요
그냥 달리게
그냥 안기게
그냥 네가 되게.

그대가 그리움은

그대가 그리움은
내 곁에 그대가 없기 때문이 아니라오
그대 홀로 외로움 속에 있기 때문입니다

그대가 보고픔은
내가 그대의 얼굴을 보지 못함이 아니라오
그대와 하나 되어 그대의 아픔을
대신할 수 없기 때문입니다

그대를 사랑함은
나의 곁에 그대가 머물기 때문이 아니라오
내 모든 사랑의 상념 속에
그대의 존재가 있기 때문입니다

그대를 향한 열정은
지평선 너머 타오르는 태양의
검붉은 열화가 아니라오
내 피 속에 잉태된 핏빛 노을 때문입니다.

그대 그림자에 그리움을 새기고_유정미

추석은 복덩이

은을 빚어 구운 보름달이 둥글둥글
그 빛을 빨아먹는 벼 이삭은 댕글댕글
벼 이삭을 먹고 자란 사람은 포동포동
햇빛 줄기를 빼내 먹은 밤톨은 토실토실
이래 좋고 저래 좋아라

헛간의 암소는 음메음메
노을에 물든 감나무 그네는 흔들흔들
손님 껴안는 강아지는 팔랑팔랑
어머니의 앞치마는 살랑살랑
달려오는 자식들 손에는 반짝반짝
안고 쓰다듬고 쪽쪽뽀뽀
이래 좋고 저래 좋아라

부엌 한가운데 옹기종기
여인네들 수다 호호히히
빛깔 고운 음식이 와자자짝
네 입 내 입 쏙 얌얌쩝쩝
아이들 이 방 저 방 껑충깡충
남정네들 쓰리고 탁탁 히죽끼죽

소녀소년들 노래방 아아아 앗
이래 좋고 저래 좋아라

한가위는 복덩이
넋두리 세상도
갈라진 세상도
찢겨진 세상도
겹겹이 바느질하니
이래 좋고 저래 좋구나.

물은 물일 뿐

산골짜기 계곡물에 손자국을 찍어
내 물이라고 속삭였더니
물이 방긋 미소 지으며 지나간다

시골 마을 냇가에 발자국을 눌러
내 물이라고 말했더니
물이 히죽거리며 웃고 지나간다

읍내 낀 강가에 정강이를 담그고
내 물이라고 소리쳤더니
물이 콧방귀를 뀌고 지나간다

도시에 기댄 바다에 몸을 던져
내 물이라고 함성을 질렀더니
물이 태풍을 던지고 지나간다

아무리 몸을 바쳐 사인을 해도
땅은 땅일 뿐
바다는 바다일 뿐
흐르는 물에 발 도장을 찍는다고
내 물이 될 수가 없듯이
물은 물일 뿐.

오만한 사랑

해는 오만하게
머리 위에 우뚝 서 있고
혼의 관절을 깨우는
선율은 흘러내린다

바람은 이성을
얼기설기 묶어 놓고
볼에 담기는 숨결은
온몸에 파문을 일으킨다

자연의 본성인가
자연의 반란인가
쓰러져 가는 살결을
세상의 포대에
종교의 포대에
마구 쑤셔 넣고 정좌한다

사랑은 하얀 가루가 되어
깊은 호수에 잠기고
떠도는 물고기는
삼켜 버린다.

바람에 속지마세요

뼛속에 바람이 박혀 있나요
못 박아 놓은 바람을 단숨에 뚝뚝쳐 뽑아내세요
못 빼면 한 올 한 올씩 뽑아내세요
명예 바람, 물질 바람, 자식 바람
탐심 바람, 위선 바람, 비방 바람, 거짓 바람
온몸에 바람이 옷을 튼실하게 짜 입었네요
제발 이 검은 바람을 뼛속에서 휙 뽑아내세요
뼈가 맑은 혈액을 잉태하려고 해요
바람이 돌처럼 굵어 혈이 통할 수가 없어요

무저갱 같은 바람을 한 올이라도 빼 주세요
안된다고요
스스로 망치가 되어 뽑아내라고요
아아……너무 힘들어요
휴우……오늘 한 올 빼냈어요
와우……할 수 있어요 나도
모두 뽑아내면 천사가 키스해 주겠죠
그대 품도.

무너져가는 한국호

한국호가
북풍에
거센 횃불에
붉은 조각에
갈 바를 모르고
표류하고 있다
어이
어이
하리요

거짓과 진실이
엉키고 섞여
무너진 탑을
돌고
또 돌고 있다
어이
어이 하리요

푯대를
지표를
누가 잡을꼬.

슬픈 도시

흑장미가 가득한 거리
비정한 병마개를 틀고
비틀거리는 혓바닥으로
가로세로
뒤틀린 말들이
공중에 튀긴다

암막 커튼이 깊이 잠든 밤
핑크 커튼이 초승달처럼
옷자락에 불평불만이 스며들며
입술에 술을 꾸역꾸역
찌그러진 얼굴에
구정물이 흐른다

하얀 드레스를 걸친 도시여
겹겹이 덧입어
한 겹
한 겹
시간에 맞춰 벗겨지니
검은 꽃이 웃고 있다.

헤어짐

마음을 풀자
손을 놓자
너와 나의 만남이 눈꽃인 걸
우주에 홀로 서 있는 나
빈터를 기댄 너
나를 안으려고
너를 안았는데
물거품만이 뒹굴뒹굴
찬란한 태양도 노을에 꼬리를 감추듯이
화려한 벚꽃도 비가 덮으면 꽃잎을 떨구듯이
암흑이 달빛에 떠밀려 가듯이
투명한 이슬이 햇살에 몸을 주듯이
나는 가련다
나에게 장미 가시를 던지지 마라
아픔, 비애, 고통, 번민
이런 단어는 우주에 버렸다
그곳은 갈 수 없는 절벽
나는 가련다
너와 헤어짐을 위해.

심장이 멈춘 자여

떠도는 사리사욕을 움켜잡고
금잔에
금술에 취해
안전 불감증을 블랙홀에 휙 던지고
가녀린 어린 생명들을
출렁이는 아가미에 쑤셔 넣고
울음으로 곡을
피눈물로 촛불을 켜는구나
심장이 멈춘 자여
육도 마음도 영혼도 멈춘 자여
그리도 금잔이 좋더냐
그리도 뱀술이 좋더냐
경영 철칙, 안전 수칙, 선원 훈련, 배수리
버리고 또 버리고 협잡하니
그 마음이 실낙원이더냐
연하디 연한 어린 영혼들을
어찌 이리 애석하게 떠나보낼 수가 있더냐
세포까지 멈춘 자여
칙칙한 물줄기가 조여 오는 고통

암흑이 삼켜 버린 공포
한의 숨바꼭질
검은 얼굴의 그림자
천 배 만 배 절규의 찢어짐이
푸르디푸른 물의 고문에 둥둥 떠 있으니
심장이 멈춘 자여
뼈의 가루까지 무릎 꿇고 용서를 빌어라.

잠을 갈아먹은 시

잠을 갈아먹고 시를 쓴다
뇌 밖으로 소나기처럼 자음 모음이 쏟아져
백지 판에 검은 활자들이
숭어 떼처럼 기어오른다
감성을 일으키는 심오한 시어들을
찾아볼 여력이 없다
깨진 잠에
뒤척이는 허리춤
오뚝이처럼 벌떡 일어나
한 줄로 검은 획을 꿰매 간다
찰나지만
뇌는 한 곳에 꽂혀
쐐기를 박는다
바늘땀처럼 활자를 놓으니
시 보자기가 펼쳐져
마지막 점을 찍는다
짧디 짧은 순간에
색을 먹은 시가 그려진다
꿀잠을 삼킨 시는
연꽃처럼 빙그레 웃으며
허기진 잠에 영양분을 준다.

검은 눈물

세월호야
세월호야
검은 눈물이 뚝뚝 떨어지는데
무엇으로 받으려 하니
날카로운 물칼에 몸을 베니
누울 수도 없어
엉거주춤
살인 상어에
이리저리 물 폭탄소리
제대로 누울 수도 없구나

세월호야
세월호야
피눈물로 뒤엉켜 있는데
무엇으로 풀려고 하니
삼키는 파도에
혼도 뒹구니
온 나라가 검은 바다로 덮여
새가 노래하고
꽃이 피는 땅 조각은
찾아볼 수가 없구나.

포근한 심장

문을 두드리라
열릴 것이다
찾으라
찾을 것이다
열 번 찍으면 넘어간다
이 진리가
인간의 심장은 늑대의 심장보다 더 질겨
생명을 담보로
두드리고 찾고 찍어도
석상의 허리처럼 단단하다
어여쁜 심장에 누가 그리 대못을 박았기에
이리도 고인돌의 심장이 되었을까
고운 심장에 고뇌가 쇠사슬처럼
엉겨 돌산처럼 보인다
절단된 마음을
부드러운 숨결로
온화한 옷깃으로 감싸주면
포근한 심장으로 새김질할까
아픔을 아픔으로
슬픔을 슬픔으로

고통을 고통으로
그냥 그대로 받아주면
갈라진 심장이 메워질까
이제 분노의 비탈길에서 벗어나
문을 두드리면 열어주고
찾으면 함께 찾고
찍으면 넘어져주는
포근한 심장이 되었으면 한다
요즘 따라 그 심장이 더 그립다.

섬과 섬

너와 나 사이엔
섬과 섬
섬과 섬을 하나로 엮으려고 애쓰지 마라
너와 나 사이엔
은하 작교를 놓을 수 없다
오로지
강줄기에 몸을 맡기는
돛단배로 족하다
연인이란 단어는 사치요
인생의 동반자는 욕심이니
그냥
이대로 섬이 되어 머물자
그것으로 족하니
덧없는 육욕을 쓸어버리자
푸르른 대지를 이불 삼아
육을 덮고 깊이 잠들자
그러면
안식이 도래하리라.

살짝핀 사랑

흐르는 물줄기에
물고기가 뛰어놀듯이
사랑도 혈 따라
온몸에서 뛰어 논다
고래의 외침도
갈매기의 울음도
뱃바람도 날지 않았는데
살그머니 들어온 사랑은
사뿐히 내려앉는다
안쓰러움도
미안함도
기쁨도
행복도
한 포기씩
한 포기씩 심어
아름다운 마음 밭을 일군다
살포시 핀 미소도
헝클어진 찡그림도
재잘거리는 고단함도
사뭇 귀엽고 사랑스럽다.

짝퉁 선행

수저만한 행함을
솥뚜껑만한 봉사로
얕은 냄비의 엷은 맛을
돌솥의 은은한 맛으로
이쑤시개의 끼어들기를
긴 젓가락의 선행으로
단무지의 얇은 빛깔을
김치의 깊은 빛깔로 둔갑해
요란스럽게
겹겹이 포장하는 정치인들
할미 탈을 쓰고 쌔쌔쌔
한 모퉁이가 깨진 꽹과리를
마구마구 내리친다
그 광견 날조에
잠든 허수아비도
지나가는 개도
눈과 귀를 민들레로 막고
비발디의 사계를 듣는다.

묵언이 답

인간사 부딪치는 진눈깨비에
정신줄 놓지 마라
지금 닥친 풍파가
고난의 해일처럼 느껴지면
그 즉시 묵언으로
내려놓아라
묵언
묵언
시간을 비워라
그 후
긴 호흡과
긴 처짐으로
하나의 펜을 들어라
1부터
10까지 적어라
답이 돌출
이것이 묵언의 답.

잠이 숨 쉰다

잠이 숨 쉰다
몸이 뒤척뒤척
이불을 내친다
들뜬 영혼에
설레는 육에
잠은 플라타너스
어둠이 해와 같다

검은 눈동자에 별을 심으련가
깊은 계곡에 달이 빠지련가
잠은 더 가쁘게 춤사위
검은 굴에 파고들어도
아랑곳하지 않고 초승달처럼
쉬지 않고 달린다

창가에 기댄 가로등은
영락없는 문지기
강아지는 왜 고요를 물어 올까
잠이 숨이 차도록
달리는 것을 아는가 보다
이 밤에 잠이 숨 쉰다.

그대만을 위해

우리의 만남은
고요함 속에 잠긴 녹색의 짙은 생명
평화 속에 흐르는 옹달샘의 물줄기
푸른 대지 위에 피어나는 환희의 열애
평강의 꽃잎에 맺힌 영롱한 이슬
천국의 기쁨으로 찾아오는 첫 입술의 만남
무지갯빛 아름다움으로 여문 사랑
나의 연인
그대의 숨결 속에 잠이 들고
나의 사랑
그대의 호흡에 감미로운 눈을 뜨고
나의 사슴
그대의 심장 속에만 현존하는 자아
나의 파랑새
그대의 손끝으로만 느껴지는 떨림
나의 사고, 삶 그리고 존재
그대만을 위해
흘러가리라.

보배로운 인연

바람이 나뭇잎을 흔들듯이
어느 순간 인연이 가슴에 안겨
발자국도 없이
마음에 도장을 찍는다
삶 속에서 스치는 인연은 많지만
정작 진실된 인연은 많지 않다
플라토닉 인연은
거친 해풍이 꺾지 못하고
쏟아지는 쓰나미도
밀쳐내지 못한다
가슴에 화석처럼 새겨진
고혹적인 인연
한결같은 인연
보배로운 인연은
때로는 아이스크림처럼 녹아
달콤한 향기를
하늘에 띄운다.

깨진 낮과 밤

해가 뜨면 낮이라
달이 뜨면 밤이라
낮은 삽, 괭이 잡고
밤은 이불을 덮는다

요즘 백수는 다르다
해가 뜨면 밤이라
달이 뜨면 낮이라
낮은 암막 커튼 속 시체
밤은 컴퓨터를 잡는다

요즘 학생은 다르다
해가 뜨면 낮이라
달이 뜨면 새벽이라
낮은 책상에 마취
밤은 책을 먹는다

해와 달
양과 음
+−
지구 한 바퀴
깨진 낮과
깨진 밤만이 돈다.

사랑의 무덤

그대의 냄새에 취해
무덤 속에 잠기고 싶소

그대의 청초한 옷깃으로
보드라운 살결을 감싸주오

그대의 속삭이는 입김으로
원을 그리며 묶어주오

그대의 넘실거리는 눈동자로
사랑의 곡을 불러주오

그대의 은근한 물빛 얼굴로
향긋한 기운을 뿌려주오

그대의 드넓은 어깨로
온몸을 덮어주오

그대의 열기에 취해
무덤 속에 잠기고 싶소.

님의 사랑

은빛 하늘에
하얀 달빛이 울렁출렁
뇌 속에 엉킨 별빛이 운다
머리카락부터 발꿈치까지
번민이 울컥울컥
살짝 건드려도
후버댐 터지듯이
눈물샘이 터진다
사고가 꼬리 물고 늘어져
신뢰의 벽을 무너뜨리고
믿음의 허리를 도끼질한다
세상의 자는 줄이 있는데
님의 자는 점도 없다
이리저리 굴리고 굴러도
뇌만 빙빙 울연하다
도저히 좌우로 잴 수가 없어
애련의 눈동자만 운다
삶의 한 줄이라도
자국을 남기지
님은 그냥 버린다
그것이 님의 사랑이다.

그대 그림자에 그리움을 새기고_유정미

제발 풀어다오

쓰레기 더미에서
훔쳐 흐르는 미소
하수구에 처박혀
가시 돋친 꽃
강물이 엉켜
역류하는 물길
썩은 비린내
역겨운 몸에
얼굴은 조각상
가슴은 비웃음
도덕은 비도덕
현실은 비현실
진실은 무진실
개념은 무개념
부딪치고 찢어져
서울 광장에서
청계천에서
한을 풀고 통곡한다
잠자는 국회여
벌떡 일어나
제발 풀어다오.

침대

먼 길 떠났던
나그네의 길을 접고
침대에 몸을 떨구니
안락함이 밀려들어
피로를 쓸어 담아
창 밖에 버린다

뽀얀 살결이 목련 시트에
껌처럼 달라붙어
실크 이불에 곡선 따라 파도 결
착한 몸 선이 흐른다

베개에 머리를 묻으니
평안이 심어져
몸의 균형을 조율해
숙면에 장단을 친다

두 팔 벌려 기지개를 펴고
눈빛을 흔드니
힘찬 활력이
그네처럼 늘 뛴다.

위안부의 눈물

초락(草樂)에 노닐던
순백의 소녀들이
청명한 하늘을 잃고
전쟁의 총칼에 묶여
입도
눈도
코도
오로지 죽창과 총알로 도륙하니
줄줄이 늘어져 있을 수밖에

벗겨진 몸뚱이를
피찬 군화발로 짓이기며
썩은 강간으로 쑤시니
어이 숨을 쉴까
어린 소녀의 목 줄기를 찌르니
산몸이 더 죽은 시체
이 고통을 어이하리요

모른다
나는 모른다

아베 고개를 마구 흔들어도
흔들면 흔들수록
진실은 잠수함처럼 솟아오르니
그 죄를 어이 다 받으리요

가시 꽂힌 군국주의
불덩이에 굴러굴러
길이길이 살찌워라.

어여쁜 사랑

누군가 마음을
끝없이
끝없이 두드린다
옹달샘 같은 관심에
햇살 같은 열정에
호수 같은 애정에
겹겹이 입은 시간을 벗고
총총 쌓아 놓은 관념을 무너뜨리고
창문을 살며시 연다

엷은 미소
자상한 눈빛
감미로운 말
따사로운 활자
그 힘찬 삶에
마음의 문을 활짝 연다

황금 날개 단 들판
노을을 문 낙엽들
흔들리는 억새풀

달빛 흩어지는 터미널
수줍은 미소 속에
새싹이 피는 사랑에
커져가는 정에
감미로운 향기가 날려
손과 손을 잡고
한 목소리로
한 하늘을 본다.

그대 그림자에 그리움을 새기고_유정미

깨진 이산가족

한반도 총성에
갈라진 검은 입술에
붉은 횃불에 멍들어
고운 한복에 핏자국이 흐느낀다

서울 광장 한 폭에
옹기종기 모여
피 바랜 깃발을 흔들며
노래를 부르니
온 국민이 평화의 한반도를 둘러싼다

준엄한 비판을 외친들
분개한 눈동자를 굴린 듯
가녀린 소녀를 품듯
눈물을 뿌려도 늑대의 심장은
마른 뼈다귀와 같다

70년이 흐른 눈들만
지친 눈꺼풀을 풀고
멍한 얼굴로
북녘 하늘만 바라본다.

한조각 사랑

인생은 사랑을
들풀처럼 노래한다
서로 사랑하자 외치고 또 외치며
아름다운 시어들을 모아
원탑의 성을 쌓는다
정작 뜨거운 사랑하기는
얼음판에 핀 모닥불처럼 어렵다
차디찬 눈꽃 속에서 핀 매화처럼
뜨거운 태양 아래
느긋하게 거니는 나귀처럼
상대의 약점을 장점인 줄 알고
존귀한 마음을 낳아야 한다
단점이 단점으로 눈 속에 담기면
억지 춘향은 될 수 있지만
변사또가 손 뻗으면 산사태 벌어진다
참된 사랑을 하고 싶다
눈 속에 보이지 않은 사랑을
뜨거운 열기가 피는 사랑을
두 심장이 한 조각인 사랑을
그 사랑 어디에 있는가.

명예퇴직

답답함이 허리케인처럼 몰려와
숨조차 쉴 수가 없다
모든 일에 무기력해지고
온몸에 바늘이 꽂힌다

나무 천장에는 무거운 넷 팔이
지구를 수 천 번 그리며 칙칙 소리를 자른다
어둠은 신경줄을 끌어당기니
가슴이 울쑥불쑥 꽁꽁 앓는다

왜 이리 암흑의 장막이
고양이 손톱이 되어 불안하게 할까
갈 자로 방향이 틀어지니
불을 지르고 또 기름을 붓는다

어둠을 마신 두꺼비는
왜 이리 처량하게 울부짖고 있을까
해고의 커튼이 몸을 감아서 그런가보다
비정규직들과 동병상련이니
고뇌의 슬픔이 덜 씻겨 나간다.

사랑

사랑은 물안개가 피듯이
살며시 다가와 마음에 뿌리고 간다
설렘도
두려움도
기쁨도
행복도 살포시 다가와 안긴다
눈빛에 타고 흐르는 설렘에
고개를 살짝 떨군다
숨결 속에 흐르는 정열
가슴을 조인다
바람에 떨구는 꽃잎처럼
파르라니 입술을 떨군다
붉은 기운은 방안에 널려 있고
머리는 빙그레 돈다
포근한 햇살이 온몸을 감싸듯이
사랑의 멜로디가 귓가를 적신다
사랑의 밑그림이 그려질 때
우리는 환한 백합꽃으로
다시 태어난다.

구겨진 인생들

깨진 가정을
붙일 수만 있다면

무너진 상아탑을
쌓을 수만 있다면

구겨진 사회를
쭉쭉 펼 수만 있다면

부서진 정치를
세울 수만 있다면
거리에 뒹구는
찡그린 얼굴들을
미소로 바꿀 수만 있다면
얼마나 빛이 날까

행복의 화살을 맞아라
빛나라
뜨거워져라
지구가 아이가 되게.

고개 처든 인생들아

검은 바람이 휘몰아친다
먹구름을 쓸어
한쪽 하늘을 덮는다
나무들은 비틀거리고
꽃들은 휘어진다
천둥이 울부짖고
개들도 덩달아 짖는다
몸통을 흔드는 바람에
빨래 줄에 목숨 건
옷들이 몸부림친다
사람들은 네 발 인양
하이에나처럼 급히 뛴다
비바람에 이리도
비바람에 저리도
휘청거리는 인생들아
고개를 쳐들지 말라.

혀는 가시 돋은 장미

인간의 혀를 묶는다고
말이 사라지는가
인간의 혀를 자른다고
말이 죽는가

울퉁불퉁한 말
칼날을 매단 말
화살촉 꽂힌 말
가시를 접붙인 말
누구나 상처가 되며
아픔의 멍울이 깊게 파인다

혀는 가시 돋은 장미
혀는 불 막대기
혀는 악의 넝쿨
혀를 잘 다스림이
일만 악을 잠재우는 것

혀로 생명의 꽃이 피고
혀로 죽음의 카페트를 깐다

혀에 불 화산 피우지 말고
혀를 조개처럼 자물쇠 채워라
진주 같은 값진 말만 낳아
위로와 행복만 주어라.

깊은 사랑

창가에 살포시 포갠
빛 고은 입술이
그대의 입술인 줄 알았습니다

나무 자락에 비친
달빛 결이
그대의 머릿결인 줄 알았습니다

스치는 바람의
부드러운 입김이
그대의 고운 목소리인 줄 알았습니다

그대의 몸짓에
그대의 선율에
그대의 여운에
시간이 어느덧
백발이 되었습니다.

그대 그림자에 그리움을 새기고_유정미

시에 물을 준다

컴퓨터에 손가락 묻고
활자를 불 피운다
활자가 불꽃처럼 움터
해와 달을 낳고
감성과 이성을 불러일으킨다
감성은 달을 부르고
시가 흐른다
이성은 해를 피워
논문을 그려 낸다
감성에 기댈까
이성에 기댈까
어디에 기대느냐에
활자가 너울너울 추던지
활자가 뻿뻿이 서 있던지
갈림길에서 서성거린다
오늘은
감성이 홍시처럼 무르익어
하늘의 시어들
땅의 시어들
펜으로 쓸어 모아
시에 물을 주련다.

어느 판사의 판정

황금보다 귀하신 몸
일당 5억
그 두뇌는 500억
누구의 머리
애완견보다 못한 몸
일당10만원
그 두뇌 100만원
누구의 머리
하하하
그 머릿속엔 신사임당이
물먹은 돼지로구나.

사랑은 참 어렵다

사랑은 풀꽃
사랑은 휘파람
사랑은 애절한 노래
보고픔에 배고프며
목소리에 갈증 나며
손끝에 춤추는 인어

한 뇌 조절도 숨찬데
두 뇌를 하나로
행동도 한 묶임
마냥 먼저 손짓
마냥 먼저 미소
터뜨린 마음 들추니
님의 눈빛 접붙임
님의 언어 분갈이

여름날 마음이
장미 정원에 머물다가
홍수 난 계곡에 머물다가
바람난 옥수수 밭에 머물다가

푸른 바다에 누워 잠들다가
부드러운 초원에 뛰다가
심기가 하늘
심기가 땅
심기가 동굴
도저히 줄자로 잴 수가 없다
때로는 꿈꾸는 사랑을 깨고
깨진 조각들을
이리저리 붙어야 하니
사랑은 참 어렵다.

그대 그림자에 그리움을 새기고_유정미

인연

새싹이 손바닥만 한 햇살
가냘픈 이슬비에
아지랑이처럼 돋아나듯이
인연도 수정알 만한 관심으로
가느다란 끈을 이어
지인으로 엮어진다

소통의 둘레에서
활자로
활자로
음성으로
음성으로
사고가 교류해
미소로
인연으로 묶어진다

석양이 잠들면
보고픈 눈빛
영롱한 별빛
탐스러운 달빛을 뽑아

메시지에 색칠하며
기품 넘치는 활자 행진
마주친 검은 눈동자에
고운 정이 출렁인다.

그대 그림자에 그리움을 새기고_유정미

곱디고운 여인이여

풀잎 먹은 삶
고결한 숨결이 담긴 생애
잔잔히 흐르는 인생길
긴 시간 서서히 멍울진 몸
거친 병균이 솟구쳐
의사의 손길에 안주한다

이생의 끝자락에 매달려
하얀 꽃이 피는 엄마의 생
긴 슬픔에 눈동자만 꾸벅꾸벅
침묵에 병실도 무릎 꿇는다

살구꽃처럼 뽀얀 얼굴
백자를 닮은 맑은 웃음
형형색색 옷에 휘감기던
그 몸태는 사해에 묻고
병균에 쪼그라든 쓰디쓴 미소만이
병실에 둥둥 떠돌아다닌다

꽃보다 더 고운 가족사랑
몸인지 일인지 헌신
억센 균에 오그라들고
메마른 입술에
눈물만이 주르륵 흘린다

어여쁜 여인이여
곱디고운 여인이여
가족을 내 몸보다 더 보살핀 여인이여
남을 배려하던 여인이여
신께 경배와 찬양드리던 여인이여
남에게 사랑만 베풀던 여인이여
그대는 존귀한 여인
그대가 나의 엄마이기에
잔잔한 호수에 잠겨도
거센 폭풍우가 밀려와도
나는 옹달샘의 맑은 물을 먹은
꽃사슴처럼 행복했다.

여름밤의 곡성

시계추는 똑딱똑딱
정지된 시간을 먹고
여치는 나무 천장에서
하염없이 울며
선풍기는 제 몸 굴려 바람을 끌고
짝꿍은 옹크린 채로
꿈결에 머리 집어넣고
책들은 눈동자를 찾지만
눈동자는 본체도 없다

불빛 삼킨 스탠드는
별빛을 조롱하고
터진 오디오는
고요를 묻고
의자는 살결을 그리워하나
먼지만 피고
뇌에 자물쇠를 잠갔는지
도통 열리지가 않으니
눈꺼풀만 비 내려
마음은 빈 턱에 기댄다.

시간 묶음

노랑 난초 입은 은행
붉은 입술을 문 단풍
쭉쭉 기지개 핀 소나무
이슬 젖은 눈빛
사뿐히 뛰는 심장
아메리카노의 입김
싱그러운 속삭임
호수 따라
가을 따라 나들이
무지개 연가가 뿌려지고
님의 노래가 출렁이니
손끝으로
살포시
요동치는 돛단배
맑은 호수에 돛대를 꽂고
시간을 묶어
추억의 방에
고이 간직한다.

청도

잿빛 나래가 펼쳐진 날
붉은 노을을 한입에 문
청도 문을 연다
수줍은 여인의 볼이
감나무에 출렁인다
세월을 듬뿍 먹은
한옥이 군데군데 소담스러운 정
손등 성처럼 핀 산자락에
붉은 벽돌 오르고
둥근 십자가 유유히 흐른다
바람에 기댄 그대
부드러운 미소로 반긴다
돌담을 넘은 감나무들
이곳이 청도라고 속삭인다
새마을 운동의 발상지
개척정신이 번들거린다
사람은 산새에 주춤하고
황소는 피 멍을 먹는다
신나던가
신나던가
눈물은 산속에 숨는다.

가을이

가을이
내 영혼에
울리는 음률을
뽑아
산야에 날린다

가을이
내 눈에
피는 이슬을
담아
바다에 띄운다

가을아
너는 아느냐
웃은 미소와
슬픈 미소를

그것이
오색 빛을 먹은
단풍이라는 것을.

갈대

햇살아
너는 알고 있지
파란 하늘에
이름을 새긴 것을

갈대야
너도 알고 있지
드넓은 갈대밭에
수줍음을 뿌린 것을

질투에 눈이 먼
거친 소나기
두레박으로 쏟아 부어
옷이 우산이 된 것을

갈대야
휘어지는 허리춤에
깊게 새긴 마음
너는 알고 있지

맑은 하늘 영혼
강줄기에 핀 통통배
가을을 나른 갈대밭이
깊게 파인 사랑이라는 것을.

당신이 내게

당신이 내게 고통의 뿌리를 심을 때
내 얼굴에 거센 물결이 덮치고
내 눈에는 핏방울이 맺히며
내 혀에는 하얀 고름이 맺었네

당신이 내게 고통의 뿌리를 심을 때
내 마음은 검은 진주처럼 망울지고
내 살결은 겨울 가지처럼 앙상하며
내 머리는 죽음을 노래하네

당신이 내게 고통의 뿌리를 심을 때
사라진 달콤한 꿈결은 돌아오지 않고
희미한 눈동자에 참회의 고백만이 맺어
뒤척이는 육신에 길을 잃었네

당신이 내게 행복의 뿌리를 심을 때
내 얼굴에 진달래가 피고
내 눈에는 영롱한 별빛이 담기며
내 혀에는 찬미가 넘쳤네

당신이 내게 행복의 뿌리를 심을 때
내 마음은 두둥실 하얀 구름 뜨고
내 살결은 파릇파릇한 연잎이며
내 머리는 사랑시만 그득하네

당신이 내게 행복의 뿌리를 심을 때
솜사탕처럼 달콤한 잠결에 숨을 쉬며
검은 눈동자에 찬양이 맺어
정돈된 육신은 길을 가네.

그대 그림자에 그리움을 새기고_유정미

그대 때문에

그대 때문에
나는 아무것도 못합니다
정신은 휘몰아치는 울림으로 혼미하며
육은 폭풍이 몰아치는 흔들림으로 휘어집니다
새소리가 열리며
음의 소리를 맛봅니다
청아한 물빛에
감각을 젖히는 음률에
들판에 허수아비처럼 누워있습니다
당신 때문에
나는 아무것도 못합니다
당신 사랑에 묶여
이 순간
잠이 들까 합니다.

낙엽

싸늘한 바람에 할퀴어
그 고운 단풍이 퇴물
골목길에
길모퉁이에 너부러져
눈 내린 할아버지의
쓰레기 수레에
시체처럼 박혀 있다

그 낙엽도 활력이 넘치는
청춘이 있었다는 것을

그대를 위해
새싹으로
푸른 그늘로
나그네의 길로

가을빛을 빨아
노을을 담은 열정
낙엽도
화려하게 빛날 때가 있었다.

가을빛의 분주(奔走)

창틀에 파인 가을 산
길거리에 헐렁거리는 은행잎
갈색 옷의 영근 얼굴
남산골 한옥마을의 고고(高高)한 결
산비탈의 낙엽 밟는 소리
하얀 바람이 어깨에 내려앉는 성숙함
빨간 잠바에 진바지 배낭 메고 산길 가는구나
발길에 웃은 코스모스
산길 따라 고개 숙인 억새풀
도토리 밤 상수리 풀어져 다람쥐 호들갑
책(冊) 귀둥이 눈시울
고개 떨군 남정네
사색(思索)의 연가
삭이는 가을빛
이내 반길 수밖에.

솜털 같은 설화

음악아 활활 타올라라
음표를 더 올려 줄까
그 요동 소리만큼
내 마음도 싹쓸바람이 친다
무엇이 이렇게 번민스럽단 말인가
무엇이 이렇게 혼돈스럽단 말인가
푯대를 못 잡아 갈팡질팡
음률에만 기댄 나
그의 음성이 나를 부를 때에
그가 내 곁으로 온다고 할 때에
왜 무 자르듯이 했을까
이렇게 아무것도 못하고 방황하면서
낙엽이 뒹굴면
차가운 겨울이 오는 것을
봄살이 온다는 것을
솜털 같은 설화가 되어.

긴 잔상

겨울나무를 물들인 이슬비에
초록이 돋아나듯이
뇌의 침대에 잠든 사랑을
노크로 깨운 달님
아침 창가에 포갠 햇살처럼
종달새가 노래하는 울림처럼
색을 먹은 홍매화처럼
순간 빛 따라
순간 별 따라
가시처럼 목에 걸려
기억이 울쑥불쑥
거품 분수처럼 솟고
살포시 귓가에 소곤소곤
울울한 머리를 흔들며
떨어진 잔상을 누르고
생각의 가시를 잘라
검은 강물에 띄워
자취를 흘러 보내나
긴 잔상이 강물을 거슬러
연어 떼처럼 다시 올라온다.

우리는 한강

너 안에 강이
내 안에 강이
우리는 한강
강의 깊이
강의 폭
강의 길이
너, 나 잴 수가 없다
흐르는 물에 투석을
세상의 오물을
말 쓰레기를 버려도
너. 나 잴 수가 없다
강은 싸늘한 흙빛
밑은 생명 초록빛
너 안에 강이
내 안에 강이
우리는 한강.

공허

하늘은 저리도 청명하고 아름다운데
왜 뭉게구름은 뚝뚝
눈물을 흘리는가

꽃들은 무지개 곁따라
저리도 고혹적인 매력을 뿌리는데
왜 이리 슬픈가

깊은 계곡은 맑은 수정알이
저리도 대롱대롱 굴러가는데
왜 이리 처량한가

바위 속에 핀 소나무는
저리도 늠름한데
왜 이리 고독한가

향나무에 소복이 담긴 눈꽃은
저리도 뽀얗고 빛나는데
왜 이리 떨고 있는가

사상을 먹은 대지가
허공에 뿌린
공허에 빠져
긴 한숨만 떨구니
그런가 보다.

당신이 있기에

당신이 있기에 나도 있습니다
당신이 없다면 나도 없습니다
당신의 얼굴에 자주달개비가 필 때에
나의 입가에는 모란꽃이 올라옵니다
당신의 눈가에 이슬이 맺힐 때
나의 가슴은 장대비가 내립니다
당신의 목소리가 음률에 파고들 때
나의 목소리는 양과 같습니다
당신의 경쾌한 발소리를 들을 때
나의 마음은 뛰노는 사슴과 같습니다
당신의 손끝만 닿아도
나의 몸이 해오름입니다
당신의 이마에 고민이 담기면
나의 손길로 쓸어버리겠습니다
당신의 목소리가 선율에 실려 오면
나는 어디든지 맨발로 달려가겠습니다
당신의 행복을 위해
나는 길이 되어 드리겠습니다
당신이 있기에 나도 있습니다
당신이 없다면 나도 없습니다.

센트럴파크

맑은 영혼을 물은 하늘가
육의 혼을 심은 재즈의 향연
물푸레나무 꽃잎 울렁출렁
뒤뚱거리는 비둘기 한 쌍
정을 풀어 하늘나리가 핀다
커피 한잔의 여유로움
마주하는 얼굴에 샤론의 꽃
벤치에 하늬바람이 그윽하다
귀품 있는 빌딩에 상냥함이 휘날리며
아이들은 회전목마에 웃고
엄마들은 그 웃음에 피곤이 고이 잠든다
고요한 재즈가 평안을 심고
사이렌 소리가 깨운다
산책길에 피는 건강
살금살금 달리는 자전거 바퀴
공놀이 하는 청년들
늘어진 낮잠 자는 곰돌이
구름마에 두 발을 가지런히
얼굴만 두리번 싱글벙글
초록 물결치는 쉼이
노란 난초처럼 어여쁘다.

오색약수

굽은 계곡에 살얼음
드러낸 하얀 속살
너도나도 눈동자를 하얀 속살에 담는다
흔들리는 틈으로
숨은 골짜기를 찾는다
우람한 봉우리에 고개를 쳐들고
아기자기한 봉오리에 고개를 내린다
산이 좋아
산속에 피는 나물들
싱그러움이 엉킨 맛깔스러운 그 맛
백일홍 먹은 산딸기 주
그 붉은 기운에 취해 입술을 물들인다
물이 좋아
물속에서 춤을 추는 약수
양단을 풀어놓은 매끄러움
둘러친 병풍 자락에 살결이 흐느적
어린 사슴처럼 잠든다.

정동진

어둠이 뿌리를 깊게 내릴 때
살랑거리는 바람결이 마중을 나와
연인이 정동진에 내린다
깊숙이 파인 밤에
드넓게 핀 모래들은 몸을 숨기고
스치는 살결에
하얀 목련 꽃잎만이 넘실거린다
빈 배는 산봉우리에서 연인을 안고
달빛은 밤배에 잠든다
별빛이 담긴 유리잔에
살포시 입맞춤
가냘픈 목 줄기를 흔든다
하얀 물결이 끈으로 묶여
하염없이 모래에 뒤엉킨다
카페는 슬금슬금 자리를 바꾸고
연인은 안락의자에 기대
귓가에 사랑을 담는다
짙은 웅덩이에 빠진 밤
평안을 호흡하며
겹쳐 있는 세상에
어둠에 갇힌 별을 본다.

비 갠 새벽길

선녀의 옷고름에서
쏟아지는 눈물이
밭에 떨어져
생명을 낳는다
시든 육체도
병든 영혼도
눈물을 먹고
파릇파릇 돋아난다
우렁찬 개구리 울음도
청량감을 붓는다
산뜻한 눈동자에 스친 살결도
물방울에 젖어
고독의 강에 기댄 채
노를 저어간다
흘러라
흘러라
생명들아.

빈터

회색빛 하늘에
검은 눈동자를 찾지만
그리는 님은
온데간데없고
빈터만 늘어져
잠잔다.

한 떨기 매화

눈꽃에 핀 한 떨기 매화
쓸쓸함에
고독감에
외로움에
눈물이 얼어 고드름 되어
매화 끝에 매달려 있으니
더 처연해
차가운 눈빛에 갇혀
울음을 터뜨린 한 떨기 매화
그 붉디붉은 피로 물들어
노을에 잠기는구나

하야디 하얀 이불 삼아
마음을 토닥이지만
그 냉랭함이
도저히 따스한 봄빛을 감당 못해
은빛 하늘에
매화는 석양을 토해내는구나.

메트로폴리탄 미술관

천지가 태동하는 생물들이
벽에 갇혀 침묵으로 긴 줄기를 엮어낸다
모래에 잠든 미라들이
메트에서 굳은 표정으로
손님을 맞이한다
코가 깨진 영혼 없는 왕
고고히 흘리는 눈물이 시간이 받는다
피에타의 슬픈 목젖에
울음소리도 잠들고 천상의 구원이 열린다
유럽 회화의 열정의 붓이
붓끝의 뜨거운 흔들림이
모네, 고갱, 마네, 고흐
손끝에 쏙 담긴다
평화로운 수련에 마음에 눈이 내리고
벌거숭이 아름다움이
창조의 역사가 출렁이며
나팔소리는 승전가를 외친다
굽이굽이 핀 예술혼이
온 우주를 두르고
우리를 유혹한다.

그냥 흘러 보내라

마음에 사랑이 모닥불처럼 피어나면
억지로 모닥불을 끄려고
먹구름을 부르지 마라
먹구름은 검은 비를 두레박으로 쏟아내
더 젖어드는 슬픔에 절어
그 슬픔이 생각의 시체가 된다
그냥 내버려두어라
살짝 피는 모닥불이니
장작이 자신을 태우면
모닥불도 숨을 죽이니
억지로 먹구름을 부르지 말고
그냥 흘러 보내라

심장에 사랑이 산들바람처럼 불면
강제로 바람을 잠재우려고
태풍을 부르지 마라
태풍은 쓰나미로 용트림을 하니
더 쓰려지는 아픔에 묶여
그 아픔이 영혼의 먼지가 된다

그냥 내버려두어라
그냥 흘러가는 산들바람이니
꽃잎이 떨어지면
바람 꼬리도 떨어지니
강제로 태풍을 부르지 말고
그냥 흘러 보내라.

말라리아

아프리카를 지킨 것은
총칼든 군인이 아니고 모기라고
만델라가 입을 모았듯이
말라리아는 험난한 눈사태를 헤집는 고통을
울부짖은 죽음을 인간에게 싱겁게 뿌린다
엘미나 성을 송두리째 뽑아버린 출산 같은 아픔
피부를 바늘로 꾹꾹 박음질
세상 음식을 배척하는 구토
쏴안 배앓이와 설사
식은땀은 소나기
뜨거운 체온
발가락까지 시린 극한 오한
두통은 폭풍우
잠은 회오리바람처럼 잠시 스친다

말라리아는
인간의 가장 약한 곳을
화살촉처럼 꽂혀
심장에 흑장미 핏물

위는 산산조각
뇌는 피바다를
시간 맞춰 혀에 약을 입 맞추면
생명은 이 땅에 머문다

용광로처럼 쏟아지는 고통
몸은 폭탄에 던지고
이리저리 뒤척뒤척
앉지도 서지도 눕기도 역겹다
주님의 골고다 언덕의 고통이
머리부터 발끝까지 담겨
그 아픔을 기도로 엮고
두 손 모으는 빗발치는 시간이
말라리아를 둥둥 떠민다.

그대 그림자에 그리움을 새기고_유정미

하얀 세마포

나의 묘지를 보았다
덩그러니 혼자 있는 묘지를
죽음을 껴안기에
이른 나이
벌써 사후의 세계를
여러 번 가 보았다
슬픔과
기쁨이 썰물처럼 밀려온다

이 생에서 하고 싶은 것이
아직 산을 이루는데
왜 죽음을 생각해야 하는지

저 멀리 날아가
공중에서 심판을 받은 영혼들
지옥으로 뚝뚝 떨어지는 영혼들
천국으로 사뿐히 날아가는 영혼들
그 갈림길에서 서 있던 나
간절히 기도하는 나
지상으로 돌아온 나

정결하게 살려고
욕심을 태우고
정욕을 버리고
교만을 묻고
선을 추구하며
사랑을 주며
복음을 심으며
투명한 하늘빛처럼
이 생을 살련다

가거라
인간의 이기심
악한 빛깔은
염색되어
하얀 세마포로 태어나니
이 생이
소금이요
빛이라.

저 천성에서 만나자

검은 달은 구겨지고
눈꺼풀은 떨어져도
붉은 해는 층층 올라가니
퉁퉁 분 눈동자가 피고
미소 띤 그녀의 얼굴
수정처럼 빛나
이내 가슴 슬픈 계곡에 묻는다

오늘은 어제와 같은데
오늘은 묵은 날이 되고
오늘은 묵은 달이 되니
이내 심장 맷돌에 묶인다
어린 딸들 오그라든 몸뚱이
애정 먹은 눈물이
엄마 품에 떨어지니
이내 혈관 눈물을 삼킨다

만나보자
만나보자
울려 터지는 곡을 막아도

눈물샘이 홍수
장례 터에 불을 끈다
긴 한숨이
긴 눈물이
산사태처럼 쏟아지니
눈물 댐을 막을 수가 없다

부푼 얼굴
늘어진 몸태
하얀 꽃잎 이불삼아 덮으니
가족들의 슬픈 목젖
꾸역꾸역 누르고
또 누르고
만나보자
만나보자
저 천성에서 만나자.

부활절 예배

종려나무를 머리에 꽂은 아이들
비둘기 깃털을 문 소년소녀들
샤론의 꽃을 입은 여인들
소나무처럼 번듯한 남자들
어디로 종종 발걸음
사파이어를 뿌려 놓은 하늘가에
하얀 꿈 구름 두둥실
성가대의 찬양이
십자가에서 3일 만에 부활하신
주 예수님을 찬미
어찌 이리 어여쁜가
이 생의 아름다움 끝점
운율에 몸 선이 떨리고
나팔소리는 아침 햇살에 날리고
하얀 손수건이 파도 이루고
풀잎 먹은 미소가 흐른다

찬양에 하얀 마음 심고
기도에 샤론의 꽃이 피어
말씀에 은혜의 심장이 펄덕펄덕

살랑거리는 은혜가
마음 따라 출렁이니
황홀한 찬미가 진동하며
피 흘리신 십자가 고난이
영생의 면류관 되어
하얀 태양은
온 누리에 구원을 뿌린다.

심장아 뛰어라

햇살에 달빛이 흘러
눈꺼풀이 스르륵
달리는 차는 곤두박질
종이처럼 구겨지고
운전석 천둥소리
심장은 핏물 덩어리
다리는 갈라진 줄기
피멍든 삶이 모래알처럼 뿌려져
늑대의 곡성처럼 퍼진다

수술대에 늘어진 몸뚱이
신의 자비로운 은총 의사의 손끝에 춤춘다
기적의 숨바꼭질 10년의 시간이 묶인다
멈추려는 심장이 그녀의 가슴에 흘러
눈물이 주르륵 안개 낀 그대의 삶에
햇살 한 조각을 심장에 심어 드리고자
지난 삶을 고이 접고
맑은 호수에 꽃을 띄운다.

소중한 그대

그대가 나를 사랑함을 알아요
그대의 호흡에서
그대의 속삭임에서
그대의 손길에서
그대의 입맞춤에서
그 마음을 알아요
그대의 거칠고 불규칙한 숨결
귓가에 담기는 소리에
고개를 떨구고
입술과 입술의 흔들림에
살결은 진달래가 되죠
그대의 가슴에 안겨
쏟아지는 폭포를 느끼며
발가락의 입맞춤으로
그대가 나를 사랑함을 알아요
아른거리는 그대
보석함에 꼭 담아요
그대
소중한 그대.

흑진주 아이들

검은 진주들이 꿈을 꾸네
애련한 흙집에서
염소와 닭과 함께
천 조각 하나 바닥에 깔고
희망을 덮고 자네
옥수수 죽에
쌀죽으로 연명을 해도
여명의 미래가 있기에
새벽에 우는 닭처럼
꿈을 부르짖네
걸친 옷은
찢어진 팬티
때가 덕지덕지 헐거운 셔츠
맨발을 신발 삼아
찌그러진 공을 차며
희망을 굴리고 또 굴리네.

꿈

오늘도 꿈을 향해 노를 젓는다
꿈은 나를 자석처럼 끌어당기며 빨아들인다
꿈이 손 안에 잡힐 듯
꿈이 내 품에 안길 듯
아주 깊숙이 다가가지만
어느덧 먼발치에서
방랑자처럼 바라보고 있다
안타까운 마음으로 슬퍼하고
끌림으로 더 세게 노를 젓는다
꿈은 형형색색 빛을 발하며
꿈은 찬란한 옷을 입고
나비처럼 고혹적인 춤을 춘다
꿈은 너무나 아름답고
꿈은 큰 성이기에
그 성좌에 앉고 싶다
꿈아 물안개처럼 피었다가 사라지지 말고
항상 내 곁에서 나와 함께 동거하며
행복을 나누자 구나
찬란한 햇살처럼 빛나는 꿈아
오늘도 너를 향해
터널을 지나 노를 젓는다.

그대 그림자에 그리움을 새기고_유정미

미시간대학교(앤아버)졸업식

지구촌 곳곳에서
화사한 꽃다발을 엮어
미시간대학교의 스타디움에 뿌린다
학생수 4만명
졸업생 정중앙 3,000명
축하객 5만명
입장 카드 찍고
만개한 벚꽃이 피날레
하늘가 왕국에 앉은 졸업생들
축복의 빛 세례가 내린다
교가 울림에
Goblue합성 소리
축하 글을 휘날리는
소형 비행기를 놀라게 한다
메인 스피커
명박들 줄 타래 연설
노벨상 20명 배출
명박 오바마 대통령의 영광을 그리며
올라가는 박수 소리
사파이어 하늘이

Goblue를 외친다
학부마다 울림이 뜨겁고
지식의 경지에 탑을 쌓는다
화사한 목련이
축하의 잔에 포도주를 붓고
화려한 장미는 축하객이 되어
졸업생들 가슴에 안긴다.

가나 신학대학교 졸업식

대지를 쏘는 햇살이
하마탄에 곤두박질
먼지가 솜 타래처럼 날려
땀방울이 숨을 거둔다
졸업생들은
해바라기 행렬로
벤자민 잎새들을 흔든다
전교생들의 교가는
성결함과 거룩함이 배여
혼의 조각배를 타고
영혼의 고향으로
쉼 없이 몰아넣는다
졸업생들은 감사한 표로
증표를 안겨줘
흐뭇한 백조처럼
날갯짓을 한다
천사들의 합창
천상을 거닐며
군무하는 새들처럼
춤사위가 날아간다

기도의 뿌리
축사의 줄기
찬양의 꽃
말씀의 열매
바울의 다맥섹의 눈물로 뒤덮는다
소개가 엿가래처럼 늘어져 가위질을 한다
졸업생들은 한 얼굴이 되어
졸업장을 지성의 손에 쥐고
침례의 미소를 흘린다
졸업생들은 개나리꽃처럼
가족들과 엉켜
등잔불보다 더 빛난다
3시간 식순 따라
흐르는 물결이 갈채로
눈망울이 번득인다.

슬픈 현실

무궁화 이불 속에
두 몸이 오손도손
손잡고 쎄쎄쎄

거센 시베리아 북풍이 불어
한 몸이 이불을 빼앗고
한 몸을 발로 걷어 찬다

한 몸이 떨어져 상처투성이
간신히 유엔 반쪽 이불 얻어
매서운 바람을 막는다

반쪽 무궁화 이불을
또 두 몸이 덮는다

반쪽 이불 속 횃불
반쪽 이불 속 태극기
거친 함성을 지른다

이불 끝에서 사부작거리던
고양이와 개도 물고 뜯으니
반쪽 이불도 또 찢어진다.

없다. 지도자가

발가벗은 하늘에
벗겨진 이 땅
떠오르는 태양은
절벽 웃음뿐
달라붙은 우울을
고드름된 절망을
누가 녹일까
봄은 오려는가
아지랑이는 눈동자도 없으니
희뿌연 연기만
피어오른다.

그대 그림자에 그리움을 새기고_유정미

도장의 선택

꽃방석에 비단 이불
온몸에 두르고
도도한 입술만 내밀며
오만한 콧등을 드러내니
젊은 청춘이 흔들흔들
위안부의 동굴 속 한
바다의 쓰디쓴 고통
중동의 피비린내
남녀 불분명의 명암
대나무의 촛불
안일한 손놀림
불안한 흔들림에
꽃방석을 찾는다

펜 끝에 달린 마음
붉은 도장 꾹꾹
반신반의 표시
검은 밤에 심장이 펄떡펄떡
먼저 터트린 축배의 잔
화면에 화살촉처럼 꽂힌 눈동자

안절부절 눈가림
갈팡질팡 발바닥
눈물을 먹은 가슴
환호 터트린 입술
안개 낀 새벽이 선명하니
금뱃지 월계관
금뱃지 침륜
금백지 숨을 고르고
선명한 하늘이 열린다.

암매장된 현실

용광로처럼 끓어오르는 말을
달콤한 붉은 입술로 덮고
카멜레온 얼굴로 유혹하니
너도나도 그 입술에 취해
몽롱몽롱한 얼굴
흐리멍덩한 눈빛
벌어진 혀
떨어진 뇌 자락에 갈팡질팡
뭐가 선인지
뭐가 악인지
뭐가 정의인지
절망의 선상에서 금을 밟으니
불타는 태양에도
호랑 비가 서럽게 운다

현수막 나무 사이
손끝에 매인 기호들
1부터 21번 사욕이 패망
무엇이 이리 줄줄이
열 손가락에 기호를 못 새기나

당은 주인집 아저씨
기호는 무당벌레
국민은 뽑기 기계
양심에 화인을 맞았는지
먹칠한 문장인지
회칠한 무덤인지
야릇한 붉은 입술에 먹혀
이 슬픈 현실을
꽁꽁 암매장한다.

그것이 더 슬프다

검은 굴뚝에 연기 피며
콘크리트 벽에서
일렬로 줄을 서
영차
영차
성공의 탑을 세운 개미들
허리춤을 펼까

베짱이는 키보드 쿡쿡
학교 간다. 빈 가방
말발굽을 바다 건너 띄우고
청기와를 하나하나씩 뜯어
비단 이불에 걸쳐 앉아
살쾡이 눈빛으로
너구리 밥을 뜯어먹고
개미들을 조롱한다

개미 군단은 분노의 촛불을 피우고
청기와에 기댄 베짱이를
철장에 가둔다

그 철장 소리가
왜 이리 큰지 시간 속에
개미들은 멀미를 일으킨다

너구리들은 고개를 설레설레
베짱이는 움츠렸던
눈꼬리를 치켜세우고
구석에 핀 곰팡이는
부풀고 또 부풀어
TV도 삼킨다

썩은 문자에
붉은 횃불에
나는 왕이로소이다. 숨조차 잠긴 자에
청기와장 뜯는 소리에
음흉한 이빨을 드러낸 곁붙이 대륙에
허리춤도 추켜세우지 못한 개미들이
가슴에 절망과 미움을 담으니
나는 그것이 더 슬프다.

촛불 껌딱지 횃불

욕순이가 배 툭툭 먹고 버린다
그것을 주워 먹던 자가
어느 날 화통이 터진다
으르렁
으르렁
태블릿 PC가 TV에 던져지고
연설문이 튀어나와
마구마구 떠든다
24시간
48시간
480시간
48,000시간 윙윙
지끈지끈하다
엉킨 소리에
하나
천
만
100만 촛불이 몸을 달군다
촛불은 횃불이 되어
침묵 자를 깨우고 손발을 묶는다

나라 운영을 여염집 같이 했으니
헌재의 저울에 올려놓는다
촛불이 몸을 태워 얻은 탄핵이니
촛농도 아프다
촛불은 제 몸값을 했다
계속 타는 것은 촛불이 아니다
목적이 흐트러진 횃불이다
장대에 목 걸어 놓고
동아줄로 온몸을 둘둘 마는 것은
촛불이 아니고 횃불이다
평화로운 시위
행동하는 지식인
깨어있는 시민의식
쓰레기봉투에서 빛나는 것이 촛불이다
검붉은 횃불아
촛불에 껌딱지처럼 붙지마라
촛불에 접붙이지 마라
정치적인 야욕
권력 쟁탈 붉은 사상
늑대의 횃불은 꺼져라
투명하고 맑은 촛불만이
촛농이 되어라.

비의 울림

비가 탱글탱글
푸른 나뭇잎 위에 누워
미끄럼 타듯이 흘러내리네

비가 찌찌찍 찌찌찍
뭉툭한 판자에 파여
찡그리며 흘러내리네

비가 짜아악 짜아악
날카로운 양철 지붕에 찢겨져
붉은 피를 토해내며 흘러내리네

비가 뒹굴뒹굴
기와지붕에 살포시 안겨
미소를 지으며 흘러내리네

비가 통통통
도시의 심장에 입맞춤하며
교태를 부리며 흘러내리네

122-123

비야.
너는 어찌하여 한 소리를 내지 않고
가는 곳마다 곡 소리가 다르냐
어이 어이 어이 하리오

비야.
겹겹 쌓인 가면을 벗어
불구덩이에 던지고
심장 울림을 들려다오.

그대 그림자에 그리움을 새기고_유정미

같이 갈 수 없기에

글자에 눈을 묻어도
차에 몸을 실어도
거울에 얼굴을 마주해도
포근한 꿈속에 머물 때도
낚시 줄에 낚인 물고기도 아닌데
문득
문득 그대의 얼굴이
마음에 낚여 올라옵니다

살짝 마주친 그대의 얼굴을 보며
무뚝뚝하면 왜? 나에게 소나무 허리통처럼 대할까
날카로우면 왜? 나에게 대나무 꼬챙이처럼 대할까
부드러우면 왜? 나에게 장미 봉오리처럼 대할까
나의 마음은 푸른 초원에 노니는
어린 사슴처럼 뜁니다

이대로 옷을 입고
암흑 커튼을 닫고
그리움을 이불 삼아
장대로 매단 시간을 보내려니

심장이 고드름 되어
혈도 돌지 않습니다

손과 손을 한 겹으로 겹치려 해도
스치는 바람일 뿐
마주 볼 수 없기에
웃을 수도 없기에
길을 같이 갈 수도 없기에
심장은 설화가 되어
석류알처럼 맺힙니다.

죽은 자의 소리

지구 속에 갇힌 이 몸
닫힌 세계에 울분한다

동물의 포악스러운 울부짐도
인간의 뾰족한 웃음도
얽혀 틀어진 불평등이 출렁인다

이 어둠에
이 슬픔에
이 고통에
이 분노에
피도 살결도 갈라지고 찢겨진다

왜 세상은 한 주먹에 불평등이
정치도
경제도
사회도
가정도
모두 울분을 말아먹는다

통곡 소리가 피로 물들고
암흑이 박수를 친다

어디에 아름다운 인성이
어디에 포근한 사랑이
들추어지는가

어둠에 묶인 이 세계는
눈을 뒤집어도 검은 땅
저 천성에 오늘도 기대며
하얀 바다에 눈물을 하염없이 떨군다.

파랑 장미 가면

뾰족한 뱃머리에 묶인 사고
맹수 발톱 같은 거센 파도에 찢기고
걷잡을 수 없는 무지개가 구름처럼 부풀어
하얀 거품을 한 움큼 움켜잡아 펴보니
물방울이 둥실둥실
빈 손바닥에 공허가 자리 틀고 앉아
끝을 놓지 않으니
끝은 간데없고
보이는 것은 안 보이는 것
실체는 그림자
그림자는 실체
온 마음으로 끌어당겨
맑은 거울을 맞대니
거울에 깔린 화려한 사고
한 겹 한 겹
뜯어도 뜯어도 파랑 장미 가면
그 모습에 기겁하여
굵은 얼굴
내 모르는 얼굴이라
물방울조차 인색하게 말라비틀어지니

누가 피에로처럼 즐기는지
누가 가면의 얼굴을 무대에 얹히고
두 마음으로 쭉 찢어
한 줄은 빛
한 줄은 어둠
어둠을 삼키는 빛이 블랙홀에 떨구니
파랑 장미 가면도 벗겨져
빛이 잠긴 얼굴이
하얀 영혼으로 거듭난다.

피라미드에 박힌 자들

내가 빙빙 돌돌
네가 빙빙 돌돌
아니면
이 사회가
이 국가가
이 세계가
미친 것인지
세상이 코 박고 빙빙 돌아
미친 울음이
저 천성까지 들린다

동성애자 결혼
강간
살인
인육 판매
장기 밀매
줄줄이 쇠사슬
칼 소리가 들린다

지구가 가시덤불에 엉켜
미친 자들을 마구 토해내고
떨구려고 발길질을 한다

미친 자들은 하마보다
더 크게 입을 벌려
독초를 먹고
본드로 몸을 매달며
차디찬 피라미드에 처박혀
도저히 도려낼 수가 없다

청명한 지구가 그리워
오늘도
저 푸르디푸른 하늘에 고소한다.

기본은 지키자

백두산의 정기 속에
오천 년의 역사
동방의 환한 등불
동방예의지국인 코리아

장옷으로 가린
여인네의 부끄러움을
양파 껍질 벗기듯이
한국의 엄지인 국회의원 회관에
서리 내린 우두머리
벌거숭이 몸뚱이
시멘트에 걸고
이리보고 저리보고 놀림감

도덕과 인격이 짓밟히고
여성의 수치심
강한 모멸감
사회에 녹는 도덕이
한 통으로 울분을 토해낸다

국민의 기본권도
인격도 말살된 색칠
죄는 법대로 탕 치면 되지
국회가 똥이야
누구나 밟고 갈 수 있는 곳
모두 떠나거라
더러운 곳에 머물면
너도 똥이 된다.

발견

제로를 하나로
하나를 둘로
둘을 넷을
넷이 제로
제로를 보며
실망한다

생각을 돌려
찾고
뒤집고
엎고 흔든다
제로가 또 제로
또 낙담한다

이제는 그림을 그린다
원을 그리고
세모를 그리며
네모를 그리며
오각형을 그린다
그리고 또 지운다

희미한 점이 보인다
보이는 것이 돌무덤
진귀한 빛이 담겨 있음을
이제 심연의 세계를 담으며
확신 찬 잣대로 마냥 판다
삽질은 약하다
굴삭기로 뚫고
더 깊이 들어간다

손톱만 한 노을을 먹은 루비가
더 깊이
주먹만 한 물결을 담은 에메랄드가
더 깊이
얼굴만 한 하늘빛 입은 사파이어가
더 깊이
생명의 신비를 물고 있는 다이아몬드가
바로 그것
발견은 파고 또 파는 것
고로 존재한다.

죽음의 굴곡

배창에 갈매기가 미끄러지듯이
죽음의 손끝은
맥을 풀고
호흡을 가쁘게 한다
집 창에 참새가 퍼덕이듯이
죽음의 발끝은
환도 뼈를 치고
숨을 허덕이게 한다
허우적, 허우적
버들나무처럼 마구 흔들어도
죽음은 대나무촉처럼 서 있다
몸은 강 길 따라
산 길 따라갈 자로 뻗어
벌렁거리며 버틴다
벌거숭이 부둥켜안고
기울어진 육체
그 긴 시간
그 긴 침묵
부서진 몸에
어둠의 병균을 붓는다

죽음은 경고장을 보냈기에
개선장군처럼 당당하다
깨진 접시처럼
몸이 떨어져 나간다
물거품에 섞인 목소리
고요히 잠긴다.

슬픔의 강을 건너 우리는 하나

작은 촛불이 큰 산을 태워
여의도 문이 열리고
탄핵의 깃발이 휘날린다
92일 간 헌재 기차는
엄청난 속도로 달렸다
20회 변론
25명의 증인
3월 10일 11시 탄핵 인용
기차는 멈추었다

헌정수호 의지 결여
대통령 권한 남용
국민주권주의 위반
생명권 보호의무 위반
통한이 겹겹이 쌓여
슬픔의 눈물을 흘린다

광화문 축배의 잔이 넘치고
태극기는 하염없이 울분
이제는 너나 할 것 없이

선열의 핏물인 대한민국을 위해
국민의 건강과 안녕을 위해
슬픔의 강을 건너
우리는 하나가 되어야 한다

산은 산이고
물은 물이며
법은 법이다.

신년의 기도문

이 해에는 찬란한 햇살처럼
빛을 주는 자가 되게 하소서
드넓은 바다처럼 소금을 주는 자가 되게 하소서
깊은 옹달샘처럼
맑은 생수를 주는 자가 되게 하소서
타인의 배려하는 너그러운 자가 되게 하소서
타인의 재능을 인정하고
칭찬하는 자가 되게 하소서
나의 사고의 틀에서 벗어난다고
틀린다고 비판하는 자가 되지 말게 하소서
남과 내가 다름을 잘못되었다고 하지 말고
그 다름을 인정하는 자가 되게 하소서
타인의 단점을 덜어주고
장점을 살려 주는 자가 되게 하소서
타인에게 혀를 잘못 놀려
상처 주는 자가 되지 말게 하소서
꽃만 보지 말고
뿌리를 볼 수 있는 자가 되게 하소서
화려한 장미만 탐하지 말고

들풀을 아끼는 자가 되게 하소서
약한 자를 무관심하지 말며
사랑을 담은 손이 되게 하소서
곁에 있는 자를 믿고 의지하게 하소서
기쁨은 함께 손뼉치고
슬픔은 한 몸이 하소서
루시퍼의 교만함을 닮지 말고
가브리엘처럼 겸손하게 하소서
죄악의 싹은 뿌리지 말고
선의 씨앗만 심어지게 하소서
타인의 것에 눈독 들이지 말며
내 것에 감사하는 마음으로 살게 하소서
타인에게 베푼 것은 절벽에 던지고
남이 나에게 베푼 것은 옷 입듯이
보답하게 하소서
권력자에게 손 비비지 말고
의로운 자에게 꽃다발을 주게 하소서
갈매기의 꿈을 꾸며 비상하게 하소서
황금 열쇠만 보지 말고
천국 문을 보게 하소서.

영혼의 돛단배

눈물과 탄식의 대해 위에
홀로 띄어진 내 영혼의 돛단배
노도 없이 닻도 없이 출렁이며 흘러흘러
나는 돛단배
영혼을 실어 나른다

순풍아 불어라 소원의 항구로 인도하라
거센 폭풍우 넘실대는 파도
번쩍이는 우레
광음의 천둥
하늘을 찢으며 돛단배에 꽂혀
짙은 밤에 파선한다

검은 하늘 회칠한 구름
암흑의 병기들
폭풍의 해일
돛단배 영혼 마구 삼켜
빈 무덤……….오직 흑암만이

나를 경배하라
스올의 뱃속에서 내 영혼의 환희

나는 순례자
들려오는 빛줄기 주의 음성
일어나라 깨어라 강건하여라
나 네게 순풍 되리라
나의 천사 네게 사공 되리라
내 영혼의 돛단배 휘실 거린다
시몬의 조각배 153마리의 물고기같이.

들꽃 같은 시들

라일락 향기를 구름에 튕기며
기쁨의 날개를 달고 날아온
시 전문지 시인마을
내 손에 덥석 안겼다
하얀 백지에
모음 자음이
검은 별들처럼
영롱한 빛을 업고 있다

내 뼈를 먹고
내 혼을 먹고
내 영을 먹고 자란 시
4편이 쭉 다리를 펴고
나란히 누워 있다
가냘픈 손끝으로
살며시
살며시
시들을 깨운다

톡톡 튀는 시어들
시대를 쪼개는 시어들

한낱 얇은 냇가에 뒹구는 못난 돌멩이라도
한낱 모래사장에 엉킨 모래알이라도
한낱 잔디밭에 섞인 들풀이라도
내 뇌의 바다에서
내 영혼의 하늘에서
숨 쉬고
춤추는 시들이기에
보석보다 더 어여쁘다.

인생의 길

창조자의 빛의 손길
힘찬 발차기에 울린 기쁨
생의 아름다운 황무지
환희의 젖줄을
평강의 물결을
슬픔의 바다를
행복의 날개를
아픔의 찌그러짐을
고리고리 엮어간다
눈꽃이 소복이 핀 머리
소나무 껍질을 닮은 살결
깊게 파인 병마
둘둘 말린 인생길이
고통의 둘레길을 돌아
끝자락에 아기의 미소가 핀다
애통의 곡이 병실을 흔들고
푸른 하늘이 열린다
영롱한 별을 바라보며
슬픔을 평안으로 씻어내고
하얀 꽃잎 따라 생명책을 열고
천성의 빛에 잠긴다.

단평 및 축하 詩

빛 트림_단평

최성열 시인, 평론가

번뜩이는 색채를 모아 불을 지피니
찬란한 꽃들이 나래를 펼쳐
천상의 정원을 꾸미고
그 아름다움의 극치는
은하수와 견 줄만 하구나

누구의 손끝이
형형색색의 무지개를 뿌릴 수가 있을까
한 줄 한 줄 빛에 업어 쏘니
지상에 머문 자들이 숨을 모으고
어둠에 목을 매는구나

천 색의 빛 트림이 펼쳐지니
잔디밭에 기댄 자들
자라처럼 목을 빼고
경이로운 입가심으로
와~우~ 연기 뿜듯이 뿜어 대는구나

펑펑 웃음과 현란한 빛에 취해
인생들은 호흡조차 잠기고

이 생인가
저 생인가
찰나의 날개에 누구나 목을 매는구나
불꽃이 빛에 불을 지피니
땅에 고개를 묻으려던 영혼들이
빛 심연에 내몰려
천 만개의 은하수로 피어나
견우직녀의 징검다리가 되는구나.

[빛 트림-전문]

유정미 시인의 '빛 트림'은 빛을 소재로 삼아 내재율을 소지한 자유시입니다. 본 시는 '빛과 색'으로 생명의 소중함에 대한 함축적 의미가 내포하고 있습니다. 시인은 전체적으로 1연에서 '번뜩이는 아름다운 불의 색채'로 꽃들이 만개한 것에 표현하였으며, 2연에서 '빛을 주관하는 자의 위대함'과 '인간의 나약함'을 언급하였습니다. 3연에서 '천 색의 빛 트림' 때문에 감탄을 자아내는 인간의 모습을 그렸습니다. 4연에서는 '빛을 공유함' 대한 감사의 표현으로 볼 수 있으며, 5연에서 '좌절과 어둠에 잠겼던 자들'에게 희망의 메시지를 던져 주고 있습니다.

시적 화자는 빛을 통해서 자신이 느꼈던 것을 자유롭게 그림을 그리듯 표현하였습니다. 또한 시가 요구하는 수사적 표현이 깃들이면서도 해학적인 면면들을 가미하였습니다. 좋은 예로 1-4연까지 빛의 특성을 '운치 있고 재미있게' 표현했습니다. 특별히 4연 1행에 '현란한 빛에 취해,' '찰나의 날개에 목을 매는구나'입니다. 인생들이 '취할 수 있다'는 것은 이성을 추스르지 못한 상태로 표현할 수 있습니다. 또한 '목을 맨다'는 것은 곧 생명의 위급성이나 기대서 어찌할 수 없는 상황을 연출한 것으로 이해됩니다.

특별히 결부에 빛이 '천 만개의 은하수로 피어나'가 희망적인 메시를 담고 있습니다. 게다가 빛이라는 아주 작은 소재에서 불꽃이 지닌 엄청난 위력으로 말미암아 빅뱅(Big Bank)의 위세를 펼치고 있는 모습을 그렸습니다. 이처럼 시인이 가진 사고의 영역도 광범위한 시선을 간결하게 모을 수 있는 능력이 엿보입니다. 또한 빛의 속성을 택하여 보다 의미 있고 생명을 사랑하는 느낌을 심어주고 있습니다. 게다가 넓은 대지 위에 펼쳐진 끝없는 초원 위를 달리는 말처럼 드높은 세상을 향해 내달리는 독수리와 같은 모습을 비춰주었습니다. 그러다가 재차 의미 있는 시적 표현을 통해서 반전을 꽤했는데 그것은 바로 견우직녀의 사랑의 징검다리가 되었던 것입니다. 이는 소소한 것에서 거대한 것까지 엄청난 힘에서 다시 매우 작은 사랑의 자리까지 고무풍선처럼 시적인 여유와 풍요를 담지하고 있습니다.

시는 수많은 직설과 간접 표현으로 서정적인 마음과 풍자적인 시상을 마음껏 표출할 수 있습니다. 유정미 시인은 이런 요소들을 적재적소에 난해하지 않게 표현하고 있습니다. 또한 억지 부리지 않는 기교, 여유로운 감성을 통해서 내면의 자유로움을 외부로 서슴없이 표출하였다는 데 더 시적 풍요로움이 있습니다. 게다가 철학가들이 추구했던 '이상의 존재'를 종교에서 탐구했듯이 유정미 시인은 '존재의 의미'를 분명히 알고 있는 듯 빛이신 '창조주의 섭리'를 시에 담았다는 데 더 의의가 있습니다.

최성열 시인, 평론가

헌화한 시_유정미 선교사를 생각하며

이인성 작가

그녀는 가나로 떠났다

사랑은
시간 속 흐르는 영혼
가난한 마음 가슴에 품고
멀디 먼 나라 한 점 되어 떠난 그대

내 마음속 적막의 강
꿈결 다정했던 그대 있지만
눈 뜨면 너무나 멀다
그리움 담은 눈부신 손짓의 사연
그대는 천사였다

동공 풀린 검은 피부 아이의 절망
따스한 입김의 꿈 심고
허기져 토해내는 신음
부서지는 아픔으로 품는다

손길이 아름다운 그대는 천사
그대와 나 사이 떨리는
마음결이 전하는 말

‘천사의 깃털이라도 되고 싶어요
흑진주의 땅에서 빛나는 진주가 되고 싶어요
저는 지금 마음 밭을 쟁기로 갈고
씨를 뿌리고 있어요’

그대가 그립기만 한 밤
휘청이는 바람 따라
영원의 한줄기 빛 내린다.

이인성 작가

그대의 손

배명식 시인, 화가

그대의 손이
검은 땅
흙 진주의 손을 잡을 때
아픈 자의 몸을 치료할 때
사랑으로 안아줄 때
크고 부드러운 손이 함께할 때
영원 자가 시간을 흔드는 섭리로
네가 선 땅은 거룩한 땅이 다는
말씀을 되새김하지요

나의 눈빛과 기억이
가슴의 빛으로 뜨고
간구의 손과 무릎은
검은 땅
흑진주의 영혼이 깨어나겠지요
그대의 눈물
그대의 땀과 피가 다시 흘러
흙이 되는 영광의 날까지
그대는 많이 울고 웃고
그대의 짐을 주께 맡기겠지요

그대여
시방 지구의 한 모퉁이에서
구름처럼 허다한 증인들이
그대를 위해 기도할 때
그대의 지친 육신과
고독의 사념이
바람처럼 흩어지고
주의 능력 안에 있는 신비를
그대의 영혼이 알고
감사로 일어나겠지요

그대의 손은
이제 아더 테레사가 아니고
나이 텡게 일도 아니지요
옥합을 깨트린 마리아가 되고
자주 장사루디아가되고
주의은 총을 얻은
여종의 손이 되고
검은 땅에 해 뜨고 질 때까지
아, 그대의 손은
사랑의 피에 젖어
생명책에 기록될 영혼들을 위해
복음의 씨 뿌리는 날들이 되지요

배명식 시인, 화가

나의 님이여_아프리카 유정미 선교사님에게

한병옥 작가

서녘 산들이 붉게 물들어 가면
동그란 원을 그린다

동터올 시간까지
님이 좋아하는 백합 가슴
산 넘어 황량한 들녘에
밤새 그리는 동그라미

가난이 다닥다닥한 산골
한낮 이글거리는 검은 태양 아래
작은 집 하나 지을 돌을 망치로 깨고
다듬은 세월

빛은 마음으로 오고 간지 오래
공간을 초월한 마음 마디
하나에 사랑을 심고
망고나무를 심은 척박한 땅
검은 진주 열매는 커
모세혈관에 핀 꽃은 하얗다

오랜 시간 큰 그림자 뒤로
검은 진주 눈동자

희망의 조각 손끝 그림을 그려 넣는
내 사랑하는 백합꽃 사랑
밤이면 작은 동그라미 그리던 님
석양이 내 안에서 붉게 지을 때면
어디에 서서 기다릴까

한병옥 작가

아름다운 여인이여

전위영 시인

선녀가 하강하여 한적한 갯가에서
조용히 포즈잡고 애인을 기다리네
이토록 아름다움은 그 누구도 모르리

잔잔한 파도소리 귓가에 맴도누나
옥색빛 아름답고 맵시도 아름다워
정미님 바라볼 때는 모든 시럼 잊어져

그대 그림자에
그리움을 새기고

그대의 애련한 미소를 바라보니
비애의 눈물을 흘릴 수밖에

비밀의 경로를 찾아서
그대 그림자에 그리움을 새기고
나는 물안개에 갇혀
꼼짝달싹 못한다

눈먼 고혹적인 매력
이슬을 담은 눈망울
엉성한 입술에
싹쓸바람에 불어와
진귀한 마음이
갈갈이 흩어진다

사그러지는 눈빛에
감금된 마음
빛 조각조차 꼬리를 감추니
고독의 흔적이
긴 가슴에 얼룩진다

그대 곁에 날개를 접은
열정의 피가 흘러
고뇌의 눈빛에
푸른 강이 흐른다.

03810
ISBN 978-89-92687-90-4

정가 10,000원

그대 그림자에 그리움을 새기고 유정미 詩集 노트북

제1시집

그대 그림자에 그리움을 새기고

유정미 詩集

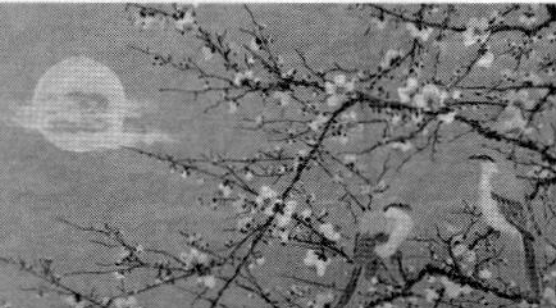

그대 그림자에 그리움을 새기고

초판인쇄 | 2017년 03월 30일
지은이 | 유정미 **펴낸이** | 윤기영 **편집인** | 정설연
펴낸곳 | 도서출판 노트북 **등록** | 제305-2012-000048호
주소 | 서울시 동대문구 사가정로 256-4 나동 101호
전화 | 070-8887-8233 **팩스** | 02-844-5756 **H.P** | 010-8263-8233
이메일 | hdpoem55@hanmail.net

ISBN 978-89-92687-90-4-03810
정 가 10.000원

한국 현대시[韓國現代詩]
한국 문학[韓國文學]

811.7-KDC6
895.715-DDC23 CIP2017007379

*잘못된 책은 교환해 드립니다.
*저자와의 협의로 인지는 생략합니다.